BEI GRIN MACHT SICH IHR
WISSEN BEZAHLT

- Wir veröffentlichen Ihre Hausarbeit,
  Bachelor- und Masterarbeit

- Ihr eigenes eBook und Buch -
  weltweit in allen wichtigen Shops

- Verdienen Sie an jedem Verkauf

Jetzt bei www.GRIN.com hochladen
und kostenlos publizieren

Nancy Grützbach

Verfassungsparadigmen - ein Überblick

GRIN Verlag

Bibliografische Information der Deutschen Nationalbibliothek:

Die Deutsche Bibliothek verzeichnet diese Publikation in der Deutschen National-
bibliografie; detaillierte bibliografische Daten sind im Internet über http://dnb.d-
nb.de/ abrufbar.

Impressum:

Copyright © 2012 GRIN Verlag, Open Publishing GmbH
Druck und Bindung: Books on Demand GmbH, Norderstedt Germany
ISBN: 978-3-656-25282-5

Dieses Buch bei GRIN:

http://www.grin.com/de/e-book/194488/verfassungsparadigmen-ein-ueberblick

GRIN - Your knowledge has value

Der GRIN Verlag publiziert seit 1998 wissenschaftliche Arbeiten von Studenten, Hochschullehrern und anderen Akademikern als eBook und gedrucktes Buch. Die Verlagswebsite www.grin.com ist die ideale Plattform zur Veröffentlichung von Hausarbeiten, Abschlussarbeiten, wissenschaftlichen Aufsätzen, Dissertationen und Fachbüchern.

Besuchen Sie uns im Internet:

http://www.grin.com/

http://www.facebook.com/grincom

http://www.twitter.com/grin_com

Inhaltsverzeichnis

1. Einleitung

Neben der politischen Bedeutung von Verfassungen oder deren narrative Dimensionen gehören unter anderem auch Verfassungsparadigmen zur Thematik des Verfassungsstaates. Zwei Autoren, die sich in ihren Texten eingehend damit beschäftigten, waren Jürgen Habermas und Robert Justin Lipkin. Will man die Perspektiven und Denkweisen beider Autoren diesbezüglich nachvollziehen, dürfen deren berufliche Hintergründe nicht unbeachtet bleiben. Der 1929 in Düsseldorf geborene Habermas studierte zunächst Philosophie.[1] 1962 erschien seine Habilitationsschrift „Strukturwandel der Öffentlichkeit", die sich der Idee widmet, Herrschaft durch öffentliche Diskussionen zu kontrollieren und zu legitimieren.[2] Bereits 1964 übernahm er die Professur für Philosophie und Soziologie in Frankfurt am Main. Der US-Amerikaner Robert J. Lipkin hingegen war an der „Widener University" Professor für Verfassungsrecht und verfasste zahlreiche rechtliche Schriften.[3]

Dieses verschriftlichte Referat über Verfassungsparadigmen widmet sich den konträren Perspektiven beider Autoren hinsichtlich der thematischen Begrifflichkeiten, den Vorstellungen über den paradigmatischen Wandel sowie den Einstellungen gegenüber der Verfassung selbst. Abschließend werden sowohl aufgeworfene Fragen als auch Diskussionsverläufe innerhalb der Seminargruppe skizziert.

Als Textgrundlage dienen vornehmlich sowohl der Text „Paradigmen des Rechts" von Jürgen Habermas als auch der Aufsatz „The Anatomy of Constitutional Revolutions" von Robert J. Lipkin.

2. Die Begrifflichkeiten

Der Ausgangpunkt hinsichtlich der Thematik der Verfassungsparadigmen ist für Jürgen Habermas die Annahme, dass es einen sozialen Wandel des Rechts gibt.[4] Er spricht daher nicht von Verfassungsparadigmen an sich, sondern von Paradigmen des Rechts. Diese stellen für ihn implizierte Bilder dar, die eine Gesellschaft von sich selbst hat. Sie dienen sowohl der Rechtssetzung als auch dessen Anwendung.[5]

Robert J. Lipkin spricht dagegen von „consitutional paradigms" und vertritt eine eher normative Sichtweise. Verfassungsparadigmen definiert er daher als Interpretationen

---

[1] Vgl. Horst, Detlef: Habermas zur Einführung, Hamburg 1995, S. 11.
[2] Vgl. Ebd., S. 11f.
[3] Vgl. http://law.widener.edu/Academics/Faculty/ProfilesDe/LipkinRobertJustin.aspx, 27.01.2012.
[4] Vgl. Habermas, Jürgen: Paradigmen des Rechts, in: ders. Faktizität und Geltung: Beiträge zur Diskurstheorie des Rechts und des demokratischen Rechtsstaates, Frankfurt am Main 1993, S. 470.
[5] Vgl. Ebd. S. 472.

grundlegender verfassungsrechtlicher Entscheidungen. Sie bestimmen, wie wissenschaftliche Paradigmen auch, wie ein verfassungsrechtliches Problem konzipiert werden muss und welche Argumente und Fakten in dem Fall leitend sind.[6]

3. Der Wandel der Paradigmen

Unter der Berücksichtigung jener Begriffsverständnisse bleibt zu klären, inwieweit beide Autoren einen Wandel von Verfassungsparadigmen für gerechtfertigt oder sogar für nötig erachten. Unter dem Einbezug der Vorstellung des sozialen Wandel des Rechts unterscheidet Habermas zwischen dem liberalen, dem sozialstaatlichen und dem prozeduralistischen Rechtsparadigma.[7]

Ganz im Sinne des klassischen Privatrechts hat das liberale oder auch formale Rechtsparadigma vornehmlich die Aufgabe der Sicherung von negativ definierter Selbstbestimmung. Neben der rationalen Verfolgung eigener Interessen spielt die Ausgrenzung individueller Freiheit eine tragende Rolle. Darüber hinaus ist die ökonomische Gleichgewichtsannahme über organisierte Wirtschaftsprozesse und die Annahme über die breite Vermögensstreuung mit Gleichverteilung sozialer Macht -also gleichen privatrechtlichen Kompetenzen- entscheidend. Im Zuge des Kapitalismus' entwickelten sich allerdings zunehmend ungleiche soziale Lagen, sodass sich die Kritik am liberalen Verfassungsparadigma mehrte. Seit der Mitte des letzten Jahrhunderts vollzog sich daher ein Wandel des Rechtsparadigmas hin zu einer schrittweisen Durchsetzung des Sozialstaatsmodells und dem Streben nach einer Gleichverteilung subjektiver Handlungsfreiheit.[8]

Hier hakt Habermas nach und äußert Kritik am aufgekommenen Sozialstaatsmodell. Außer Frage stehe, dass der Staat für die Herstellung faktischer Gleichheit zwar Gutes intendiert, er aber dadurch parallel die privatautonome Lebensgestaltung einschränkt. Seiner Auffassung folgend, schlägt die materielle Handlungskompetenz in eine neue Abhängigkeit um und die Situationsnachteile verbinden sich zusätzlich mit einer Bevormundung der Bürger.[9] Scheitern würden beide Paradigmen zudem durch die Missachtung des Zusammenhangs der privaten und staatsbürgerlichen Autonomie. Beide konzentrieren sich stattdessen nur auf die faktischen

---

[6] Vgl. Lipkin, Robert J.: The Anatomy of Constitutional Revolutions, in: 68 Nebraska Law Review 701 (1989), S. 734.
[7] Vgl. Habermas, Jürgen: Paradigmen, S. 490ff.
[8] Vgl. Ebd., S. 484f.
[9] Vgl. Ebd., S. 490.

Voraussetzungen für die Rechtspersonen als Adressaten des Rechts. Allerdings seien jene Personen nur autonom, wenn sie Autoren des Rechts sind, welchem sie sich unterwerfen.

Diesem unausweichlichen Dilemma gegenüberstehend, hält Habermas die Suche nach einem neuen Paradigma für notwendig und spricht sich für das prozeduralistische Rechtsparadima als den einzigen Ausweg aus. Im nachmetaphysischen Weltverständnis sei das Recht nur legitim, wenn gleichberechtige Bürger aus dem Meinungs- und Willensbildungsprozess hervorgehen. Die Kommunikationsverhältnisse bestimmen in diesem Zusammenhang die politische Macht, die Kommunikationsformen dienen der (Re-)Produktion und Legitimität der Rechtsordnung sowie der Entstehung von sowohl privater als auch von öffentlicher Autonomie.[10] Soll das neue Rechtsparadigma ein erfolgreicher Weg aus der Sackgasse sein, sind drei Prämissen zu erfüllen. Erstens lehnt Habermas die Wiederkehr der bürgerlichen Gesellschaft und ihres Rechts ab. Zweitens fordert er die Einsicht, dass der sozialstaatliche Individualismus die Wiederherstellung privater Autonomie ins Gegenteil verkehrt. Als Drittes und Letztes sei es nötig, das Sozialstaatsprojekt vielmehr auf höherer Abstraktionsstufe fortzusetzen, als sich völlig von den Sozialleistungen abzukehren. Allerdings bleibt unklar, wie diese Schritte konkret organisiert und umgesetzt werden können.[11]

Einen Schritt weitergehend, unterscheidet Habermas die faktische Gleichstellung, welche die sozialen Folgen rechtlicher Regelungen für Betroffene bemisst, von der rechtlichen Gleichheit - also der „Gleichheit der Bürger vor dem Gesetz". Genießt ein Mensch einerseits rechtliche Freiheit, lässt sich andererseits ein differenzieller Gebrauch derselben Rechte durch unterschiedliche Personen feststellen.[12]

Der Ansatzpunkt für die Unterscheidung von „constitutional paradigms" ist laut Lipkin die Theorie der „wissenschaftlichen Revolution" von Thomas Kuhn, welcher die traditionelle Auffassung der Wissenschaft bezweifelt hat. Diese Theorie geht davon aus, dass es ein kumulatives Wachstum der wissenschaftlichen Erkenntnis gibt und sich das wissenschaftliche Wissen einer vollständigen Sicht der Wirklichkeit annähert. Kuhn dagegen meint, dass „normale Wissenschaft" solange stattfinde, wie ein Paradigma Probleme innerhalb seiner Grenzen lösen kann. Wenn allerdings Probleme entdeckt oder Entdeckungen gemacht werden, die mit bisherigen Erkenntnissen nicht in Einklang zu bringen sind, beginnt die Phase der außerordentlichen Wissenschaft.[13] Kommt es zu einer solchen Krise, beginnt ein

---

[10] Vgl. Ebd., S.492.
[11] Vgl. Ebd., S. 493f.
[12] Vgl. Ebd., S. 500f.
[13] Vgl. Esser, Elke; Hill Paul B.; Schnell, Rainer: Methoden der empirischen Sozialforschung, München 2011, S.110f.

Paradigmenwechsel, bei dem das Paradigma der Disziplin verworfen und durch ein Anderes ersetzt wird.[14] In den Augen Lipkins ändert sich demnach die Wahrnehmung der Wissenschaft.[15] Er überträgt diese Erkenntnisse auf die Verfassung und unterscheidet zwischen „Revolutionary Adjudication"[16] und „Normal Adjudication"[17] – also zwischen Revolutionärer und Normaler Rechtsprechung. Verfassungsrechtliche Revolutionen werden dementsprechend nicht etwa von juristischen Quellen, sondern von den Prinzipien der Moral und Politik abgeleitet.[18] Das Ziel ist es, das Paradigma für jeden ähnlichen Fall funktionsfähig zu machen. Die Änderung des herrschenden Paradigmas stellt für Lipkin demnach die logische Konsequenz aus dem Umgang mit aufkommenden Widersprüchen und Problemen dar.[19]

4. Der Stellenwert der Verfassung

Wenn Paradigmen abgelöst werden können, welchen Stellenwert hat dann noch die Verfassung, die von diesen Paradigmen beeinflusst wird? Habermas diagnostiziert einen „[…]Geltungsschwund der Verfassung[…]"[20] und die Instrumentalisierung des Rechts zum Zwecke politischer Steuerung. Da er sowohl die sakrale Stellung des Staates als auch die gesellschaftliche Solidarität für gefährdet hält, sei eine weitgehende Demokratisierung nötig, die den Rechtsstaat aus dieser Gefahr befreie.[21] Dementsprechend soll die kommunizierende politische Öffentlichkeit, deren staatsbürgerlichen Interessen verletzt worden, die „[…]impulsgebende Peripherie[…]"[22] darstellen, die das politische Zentrum einschließt und ohne Eroberungsabsicht auf normative Regeln wirkt. Schlussfolgernd plädiert Habermas für den Verzicht auf die beschränkte Perspektive der nationalen Gesellschaft.[23]

Dem entgegensetzend ergibt sich für Robert J. Lipkin kein Geltungsverlust für die Verfassung. Treten Probleme auf, kommt es zu einer revolutionären Rechtssprechung und einer Anpassung des Rechtsparadigmas auf normativer Ebene.[24] So können konstitutionelle Krisen auch ohne die Gefährdung des Rechtsstaates gelöst werden.

---

[14] Vgl. Anhang
[15] Vgl. Lipkin, Robert J.: The Anatomy., S. 732ff.
[16] Vgl. Ebd., S. 736.
[17] Vgl. Ebd., S. 739.
[18] Vgl. Ebd., S. 714.
[19] Vgl. Ebd., S. 740.
[20] Habermas, Jürgen: Paradigmen, S. 519.
[21] Vgl. Ebd., S.528ff.
[22] Ebd., S. 533.
[23] Vgl. Ebd., S: 534.
[24] Vgl. Ebd., S. 737.

5. Diskussion

Im Anschluss an das Referat startete ich mit der Ausgangfrage, inwieweit die Vorstellungen über das prozeduralistische Paradigma umsetzbar seien. Am Beispiel der Feminismusbewegung äußerte ein Student die Vermutung, dass die Frauen im Meinungs- und Willensbildungsprozess selbst entscheiden müssen, was für sie Gleichberechtigung bedeutet. Dies sei theoretisch gesehen eine gute Idee, doch praktisch schwer umsetzbar, da ein solcher herrschaftsfreier Diskurs einem nicht durchsetzbaren Idealmodell entspreche. Daraus entwickelte sich die Frage, wie dieses Mitspracherecht laut Habermas zu verstehen sei. Ich schlussfolgerte den steten Bezug auf die Kommunikation als Kritik am momentanen Zustand. Laut Habermas ist die Realität zu sehr von diesem Idealbild entfernt. Um sich diesem anzunähern, bezieht er sich stets auf das prozeduralistische Rechtsparadigma mit seinem kommunikativen Charakter.

Die Diskussion vorantreibend, fragte ich, ob die direkte Demokratie für eine Umsetzung dieses Idealmodells in Frage käme. In diesem Fall würde man eher einen Zwang zur Kommunikation aufbauen, der den Ansichten des Autors widerspricht - so der Einspruch eines Teilnehmers. Habermas spricht allerdings nicht von Zwang. Da er ein eher positives Menschenbild vertritt, sei dieser Druck im Meinungs- und Willensbildungsprozess wahrscheinlich nicht nötig, so die Meinung eines anderen Diskussionsteilnehmers. Tatsächlich spricht sich Habermas zwar für eine rege Beteiligung der Bevölkerung an politischen Entscheidungen aus, allerdings kann er nicht als Vertreter der direkten Demokratie im Sinne der Schweiz gesehen werden. Entscheidend für Volksentscheide ist für Habermas vielmehr der Betroffenheitscharakter, welcher aus der Gesellschaft hervorgeht.

Um einen Gegensatz zwischen Habermas und Lipkin aufzuzeigen, erbat ich die Meinungen der Studierenden darüber, welche grundsätzlichen Idealvorstellungen Lipkin hinsichtlich der „constitutional paradigms" vertritt. Lipkin vertrete eine eher wissenschaftliche Sichtweise - so die Antwort. Der Wille der Bürger, welcher bei Habermas in einem hohen Maße Beachtung fände, spiele bei Lipkin wiederum eine vernachlässigte Rolle.

In Anbetracht der sich widersprechenden Vorstellungen von Paradigmen lag die sich anschließende Frage nahe, ob Habermas und Lipkin überhaupt eine gemeinsame Diskussionsgrundlage haben. Beiden Autoren geht es sowohl um verschiedene Auffassungen von Verfassung als auch um unterschiedliche Politikbegriffe. Hinsichtlich dessen ist der Bezug auf Dworkin und seine Theorie „concepts and conceptions" angebracht. Hierunter verbirgt sich die Vorstellung, dass sich beispielsweise unter dem allgemeinen Konzept Recht unterschiedliche Vorstellungen davon ableiten lassen, was der Kern dieser Rechtsetzung ist.[25] Diese Frage wiederum umfasst den eigentlichen Kern des Streits der beiden Autoren. Sie diskutieren nicht darüber, ob das Recht auf Gleichheit positiv ist, sondern sind unterschiedlicher Ansicht dahingehend, was das Recht auf Gleichheit beinhalten sollte und wer genau das zu entscheiden hat. Daher kann gewiss von einer gemeinsamen Diskussionsgrundlage ausgegangen werden.

Paradigmen sind intersubjektiv verbreitet und gesellschaftlich verwurzelt. Sie zeichnen sich durch ihre hohe Komplexität aus und beziehen sich auf eine Vielzahl von Theorien.

Da Habermas und Lipkin ein jeweils anderes Verständnis von Paradigmen inne haben, unterschieden sich auch ihre Annahmen hinsichtlich eines Paradigmenwechsels. Habermas scheint diesen Wechsel als etwas Geschichtliches zu verstehen. Den Übergang von dem liberalen Rechtsparadigma zum Sozialstaatsmodell erklärt er mit den Bestrebungen nach der Loslösung von dem Absolutismus und den damit verbundenen Freiheitsbestrebungen. Infolge dessen kommt es zu einer Trennung von Staat und Gesellschaft sowie zu einer erneuten Krise. So schätzt ein Arbeiter sein Recht zwar, sich frei vertraglich zu binden. Allerdings ist es ihm aufgrund seiner sozialen Lage eventuell gar nicht möglich, dieses wahrzunehmen. Im Rahmen des sozialstaatlichen Rechtsparadigmas soll diese Freiheit auch faktisch umgesetzt werden. Daher ist anzunehmen, dass laut Habermas sowohl eine Interaktion auf politischer als auch auf systemischer Ebene stattfindet.

Lipkin hingegen versteht einen Paradigmenwechsel als einen Übergang von einer Grundsatzentscheidung zu einer anderen Grundsatzentscheidung, wobei eine Abwendung von der Vergangenheit hin zur Gegenwart statfinden soll. Für Lipkin als Rechtswissenschaftler unterliegt ein Paradigmenwechsel darüber hinaus keinen sozialen Zwängen, sondern den normativen, pragmatischen Entscheidungen der Verfassungsrichter. Daraus schlussfolgernd sind Paradigmen für Habermas unumkehrbare natürliche Entwicklungen. Für Lipkin wiederum stellen sie umkehrbare Entscheidungen dar, die von der Justiz getroffen werden.

Daraus ergab sich die Frage, ob es einem Paradigmenwechsel nach dem prozeduralistischen Rechtsparadigma geben kann. Folgt man der Hegelianischen Auffassung, hebt das prozeduralistische Rechtsparadigma den Gegensatz zwischen dem liberalen Rechtsparadigma und dem Sozialstaatsmodell auf, sodass es seinem Idealbild entspricht und es keinen Grund für einen aufkommenden Neoliberalismus geben wird. Da Lipkin im Gegensatz dazu die

---

[25] Vgl. Dworkin, Ronald: Law's Empire, Cambridge (Mass.), 1986, S. 71.

Entwicklung der „constitutional paradigms" im Sinne von Rechtsfortschritten bestreitet, ist eine Rückbesinnung auf ein altes Paradigma durchaus denkbar.

Schlussendlich stellte sich die Frage, inwiefern es in der deutschen Rechtsprechung ein Beispiel für den Wandel vom liberalen Rechtsparadigma zum Sozialstaatsmodell gab. Im Jahre 1958 wurde mit dem „Lüth-Urteil" die Geltung der Grundrechte nicht nur zwischen dem Staat und der Gesellschaft, sondern auch zwischen den Gesellschaftmitgliedern erweitert. Eine derartige Einwirkung des Staates in die Gesellschaft hinein wäre im Rahmen des liberalen Rechtsparadigmas nicht möglich gewesen. Daher kann jene sogenannte „Drittwirkung von Grundrechten" als ein Beispiel für diesen Wandel gesehen werden.

6. Fazit

Lipkin als Rechtswissenschaftler sieht Paradigmen als durch Richter geschaffene Interpretationen, wodurch ein Paradigmenwechsel aus pragmatischen Gründen heraus entsteht. Für den Geisteswissenschaftler Habermas ist ein Paradigma dagegen etwas tief in der Gesellschaft Verwurzeltes. Daher findet ein paradigmatischer Wandel nur dann statt, wenn sich das Bild, was eine Gesellschaft von sich selbst hat, ändert.

Anhang

„Wissenschaftliche Revolutionen" von Thomas Kuhn

„Ente oder Kaninchen?"

Quelle: http://www.alltagsforschung.de/wordpress/wp-content/uploads/2010/04/Duck-Rabbit_illusion.jpg, 26.11.2011.

Quellen- und Literaturverzeichnis

Dworkin, Ronald: Law's Empire, Cambridge (Mass.) 1986.

Esser, Elke; Hill Paul B.; Schnell, Rainer: Methoden der empirischen Sozialforschung, München 2011, S.110f.

Habermas, Jürgen: Paradigmen des Rechts, in ders. Faktizität und Geltung: Beiträge zur Diskurstheorie des Rechts und des demokratischen Rechtsstaates, Frankfurt am Main 1993, S. 468-536.

Horst, Detlef: Habermas zu Einführung, Hamburg 1995.

Lipkin, Robert J.: The Anatomy of Constitutional Revolutions, in: 68 Nebraska Law Review 701 (1989).

http://www.alltagsforschung.de/wordpress/wp-content/uploads/2010/04/Duck-Rabbit_illusion.jpg, 26.11.2011.

http://law.widener.edu/Academics/Faculty/ProfilesDe/LipkinRobertJustin.aspx, 27.01.2012.

9